그저 꽃잎으로 번져나갔다

그저 꽃잎으로 번져나갔다
시산맥 감성기획시선 045

초판 1쇄 발행 | 2020년 5월 11일

지 은 이 | 허갑순
펴 낸 이 | 문정영
펴 낸 곳 | 시산맥사
편집주간 | 이성렬
편집위원 | 강경희 안차애 오현정 정재분
등록번호 | 제300-2013-12호
등록일자 | 2009년 4월 15일
주　　소 | 03131 서울특별시 종로구 율곡로 6길 36,
　　　　　월드오피스텔 1102호
전　　화 | 02-764-8722, 010-8894-8722
전자우편 | poemmtss@hanmail.net
시산맥카페 | http://cafe.daum.net/poemmtss

ISBN 979-11-6243-108-5　03810

값 9,000원

* 이 책은 전부 또는 일부 내용을 재사용하려면 반드시 저작권자와 시산맥사의 동의를 받아야 합니다.
* 이 도서의 국립중앙도서관 출판예정도서목록(CIP)은 서지정보유통지원시스템 홈페이지(http://seoji.nl.go.kr)와 국가자료종합목록 구축시스템(http://kolis-net.nl.go.kr)에서 이용하실 수 있습니다. (CIP제어번호 : CIP2020016060)

그저 꽃잎으로 번져나갔다

허갑순 시집

* 본문 페이지에서 한 연이 첫 번째 행에서 시작될 때에는 〈 표기를 합니다.

■ 시인의 말

꽃잎이
꽃잎들이
그저 번져나간다면
이유를 물어서는 안 된다

눈물이거나
아픔이거나
무관심이거나
돌출된 뾰루지 하나의 의미

심심하다
한심하다
기막히다
상생하다

2020년 4월, 허갑순

■ 차 례

1부 나는 내 상처를 흔들지 못한다

기도 — 19
사랑인 줄 몰랐던 내 사랑 — 20
빈집 — 21
떠도는 사랑 — 22
아버지의 고드름 — 23
어떤 신 — 24
곰팡이 — 26
문들 — 28
터널 — 29
그저 꽃잎으로 번져나갔다 — 30
꽃 속의 꽃 — 31
뜨거운 바퀴 — 32
나는 내 상처를 흔들지 못한다 — 33
감씨, 하나가 — 34

2부 숲 말없이 저물었다

나룻배 26 – 37

나룻배 27 – 38

나룻배 28 – 39

구름 위에 집을 짓고 – 40

비오리 – 41

손이 그렇게 미끄러져 – 42

불안을 밥처럼 – 44

'''''''''''' – 45

국민연금 – 46

수면제 – 48

실종 – 50

오후 3시 – 52

숲 말없이 저물었다 – 54

더부살이 – 56

3부 #미투와 me too 사이

쓴웃음 − 59

me too me too − 60

#미투 − 61

#미투와 me too 사이 − 62

나무들 바람을 등지고 서다 − 63

그리움은 발정난 개처럼 컹컹 짖는다 − 64

내 입은 거짓말로 반들거린다 − 65

완행버스는 수시로 흔들리고 − 66

눈부신 고개를 디밀고 − 68

아침입니다 − 70

바닥 − 72

저기, 작은 별 하나 − 73

끈 − 76

낮은 언제 다시 올까요 − 78

4부 행복한 낯짝

사과 — 83

대문 앞에 앉아 — 84

동백꽃가지 — 85

비단뱀 — 87

어머니 밥상 — 88

날개가 되고 싶었다 — 89

나는, 다시 — 90

봄비 — 91

결혼 — 92

행복한 낯짝 — 94

강의 얼굴 — 95

노란 나비 — 96

뚫리지 않는 길 — 97

고백 — 98

■ 해설 | 전형철(시인, 연성대 교수) — 101

1부

나는 내 상처를 흔들지 못한다

기도

저녁이 손 모으고 있는 동안
감나무에 잎이 돋았다.
한 장의 어둠이 어린 감나무를
안아 올렸다.
허공으로 치솟는 갈비뼈
땅에 바로 서지 못하고
옆으로 흔들리는 실핏줄
서로 비비 꼬인다.
밤새 감잎들은 세상의
어둠과 살을 섞었다.
그윽한 달빛을 버무리는
난삽한 바람도 그 순간
따뜻한 두 손을 모았다.

사랑인 줄 몰랐던 내 사랑

 바닥에도 가을이 물들기 시작했다. 길가 가로수들도 계절을 머금고 바닥까지 내려왔다. 바닥까지 내려온 빨갛고 노오란 금이 가기 시작한 나는 누구일까. 바닥까지 내려와 갑자기 하얗게 바래버린 나는 어느 순간에 있는 것일까. 구멍 난 나뭇잎 사이로 나의 얼굴이 여러 개의 풍경이 되어 흔들린다. 하늘이 내 얼굴이었을까. 나를 증명해 봐. 증명해 봐. 증거인멸 그 많은 나뭇잎들 어디로 증거인멸. 어디로 나를 감추거나 없애 버리는 일이 그렇게 슬프지도 않게 무덤덤할 수 있었을까. 나는 너를 안을 수 없어 딱딱해져 버린 사랑 무덤이었을까. 무덤 속에서 비로소 너의 얼굴을 본다. 새까매서 사랑인 줄 몰랐던 내 사랑.

빈집

그 집에는 나무가 한 그루 서 있었습니다.
미루나문지 상수리나문지 몸통으로는 알 수가 없었습니다.
한 떼의 새들이 우르르 몰려왔다가 가곤 했습니다.
새들이 지나간 자리에는 아주 작은 우주가 매달려 있는가 하면
구름의 노래가 비스듬하게 걸려 있었습니다.
사람이 다녀가지 않은 그 집에서 내가 만날 수 있는 것은
가슴 서늘하게 파고드는 적막과 금이 가기 시작한 사랑이었습니다.
지금 생각해 보면 그 집에 서 있었던 것은 한 그루 나무가 아니고
쓸쓸해져서 노랗게 바래버렸던 내 자신이었습니다.
그리고 얼마 후 나를 떨구기 시작했습니다.
내 발밑에서 작은 생명들이 적막처럼 기어 다녔습니다.

떠도는 사랑

내가 보았던 것은 꽃잎이 아니었다.
꽃잎 떨어지는 소리 들을 수 없어
나는 꽃잎 앞에 쭈그리고 앉아 있었을 뿐이다.
오래 서 있어서 기력이 다한 꽃잎들이
마지막으로 집을 떠날 때
내가 보았던 것은
단순히 꽃잎 떨어지는 소리가 아니었다.
그것들은 수직으로 떨어지거나
빙그르르 원을 그리며 비행했다.
현기증 같은 것들이 잠든 소리를 몰고 다녔다.
방금, 떨어져 나간 사랑이 피식피식 웃었다.
난장 난장 거리를 두며 어떤 사랑이
허공에서 오래도록 머뭇거렸다.
내가 지금 보았던 것은 꽃잎이 하늘하늘 떨어지는
소리가 아니었다.
먼저 떨어져 나간 꽃잎들이 밑에서 받쳐주고
나중에 떨어진 꽃잎은 살며시 포개지고 있었다.
어지러운 세상에서 비록 떠도는 사랑일지라도
나는 네가 떨어지는 속도를 기억할 것이다.
붉은 상처에 또 하나의 생채기가 생겨났다.

아버지의 고드름

 아버지의 눈물은 먼지였다. 내가 닿을 수 없었던 초미세먼지였다. 아침이면 매캐한 내음이 전신을 감쌌다. 미세먼지가 뭔지도 모르던 그 시절 먼지 대신 아버지가 있었다. 겨울철이면 먼지투성이인 고드름이 가난한 지붕에 주렁주렁 매달릴 때면 아버지의 기침 소리는 높아졌다. 목울대를 넘지 못하는 미세먼지는 독설로 돌아왔다. 입이 불같았던 아버지는 내내 미세먼지를 고드름 대신 빨아 먹었다. 영문도 모르는 고드름이 땅바닥으로 떨어지면 철없이 환호성을 질러댔다. 푸르스름한 기운이 도는 고드름은 떨어지기도 전에 박살이 났다. 뾰쪽한 아버지를 입에 물고 다녔다. 고드름 속에 갇혔던 아버지 미세먼지가 가득 섞여있는지도 모르고 어린 새끼들은 희디흰 손가락을 마구 빨아 먹었다. 아버지의 고드름은 아이스크림처럼 빨리 녹았다. 미세먼지 속에 갇힌 아버지의 눈물은 투명하기만 한 고드름이 되고 싶었다.

어떤 신

기차는 분노를
다스리는 법을 알고 있는 것일까.
멈추어 죽은 듯이 서 있거나
달릴 줄 아는 것 말고
그가 특별하게 즐기는 것을
보지 못했다.
질주의 본능을 최대한 발휘하고
단절이란 불통을 고집하는 그는
질주와 불통만으로 달리는
신이다.
그가 가는 곳을
구질구질하게 따라가지 않아도 북적인다.
사랑한다는 말도
미워한다는 말도 해주지 않아도
그는 끈질기게 소통을 연습한다.
질주하는 본능은 두 개의
머리통에서 발산되는 어떤 신
때문이다.
때로는 어두운 터널을 뚫기도 하고

위태한 강을 단숨에 건너기도 하는
그의 철학은 달리는 것이다.
그러다가 죽음 같은 고독을 즐긴다.
신이 시간마다 강림하는 것은
그가 가야 할 곳을 정확히 알고 있기 때문이다.

곰팡이

도배하기 전에 미리 벽면을 살펴보아야 했었다.
게으름을 부리기 시작한 지 수십여 년
내 방은 허름해지고 곰팡이가 덕지덕지 끼어
바라보면 볼수록 비참해졌다.
그새 금이 간 벽들은 벽지를 사이에 두고
누렇고 거무튀튀한 배설물을 토해내고 있었다.
피고름처럼 엉겨 붙은 나는 그래도 절대로 떨어져서는
안 된다는 듯이 죽어야만 갈라놓을 수 있다는 듯이
막무가내로 더러워진 벽지에 달라붙어 있었다.
구차하게 나는 변명할 수밖에 없었다.
어머니의 방에서도 항상 피고름이 새어 나오고 있었어요.
고백할 수밖에 없는, 고백해야만 하는 나는
햇볕에 까맣게 문드러진 어머니의 푹 푹 풍기는
비릿한 살 냄새를 알아듣지 못했다.
푸른곰팡이들이 점령한 벽을 바라보면서
벽지를 뜯어내는 일이 쉽지 않다는 것을 알았다.
어머니와 나 사이에 끼어든 거무튀튀한 존재들
십계명처럼 살 속 깊숙이 새겨 넣어야만 했다.

그렇게 틈이 보이지 않게 어머니와 나 사이를 밀착시키면서
피고름 같은 곰팡이를 쓸어내지 못한 채
그 위에 도배를 하기 시작했다.

문들

밀가루반죽을 치대던 손으로 문고리를 만지자
거기에 있는 문들이 모두 말랑말랑해진다.
안에서도 문이 있고 밖에도 문들이 있다.
관계들의 천국이다.
지옥에도 문들이 있다.
이 문을 열고 그렇게 거기로 간다.
현실이 발랑 뒤집힌 채로 널브러져 있다.
부끄러운 음부를 드러낸 채 자꾸 체위를
바꾸는 문들. 틈새에서 살아 있는 나신들의
입술들이 두런거린다.
문 하나를 겨우 지나왔지만 그 문이
기억에 없다. 기억에 있었던 문들과
기억에서 추방된 문들이 한꺼번에 뒤섞여 혼음이다.
이제 체위를 바꾸어도 더 이상 오르가즘은 없다.
저 사람은 더 이상 문이 아니다.
저 문을 나가면 관계들이 끊어진다.
사람들이 문이었던 것을 까맣게 잊는다.
그 많은 문들의 지문이 지워져 버린 내 가엾은 손가락
틈새에서 죽은 자들과 뜨겁게 포옹하고 있다.
말랑말랑한 절망도 한통속인지 문들을 지운다.

터널

대낮인데도 어둠을 길들이는
터널이 있었다.
그 터널을 빠져나올 때쯤
밤이었다.
아버지의 기억이 없었던 것은
아버지의 얼굴이 어둠으로 가득 차
있었기 때문일까.
아버지는
빛 한가운데에다 둥근 홈을 파고
거기에다 어둠을 가두어 두었다.
아버지의 어둠 속에는
세상의 모든 걱정이 다 모여 있었다.
노오란 어둠과 불그스레한 어둠들이
터널 속에서 빛났다.
어둠이 스스로 빛을 냈다.
터널을 빠져나오는 버스가 밤이
되었다.
어둠들이 눈물을 흘렸다, 아버지!
이름이 흐느적거렸다.
멀리 시야에서 사라져갔다.
연체동물처럼 터널에는 뼈가 없었다.

그저 꽃잎으로 번져나갔다

꽃잎에 물이 들었다.
연분홍으로 번졌다.
어둡던 세상이 갑자기
환한 웃음으로
터졌지만
늘, 알 수 없는 안개도
뭉텅하게 만져졌다.
후회뿐인 아침에도
햇빛 찬란한 오후에도
그저 꽃잎으로 번져나갔다.
밖으로 번져나갔다,
안은 이미 다시 어둠으로
꽃잎은 아무 말 없이 그저
번져나갔다.
그렇게 퍼지다가 보이지도
만져지지도 않는
무수한 얼굴들로 번져나갔다.

꽃 속의 꽃

유리 칸막이 너머로
꽃들이 진을 치면
가만히 햇빛 한 덩이
가냘픈 손 위에 올려놓는다.
밤새 텅 빈 거리를 휘젓고
돌아다닌 신발 위로 새로운
아침이 꽃보다 붉게 돋아나고
산그늘에 가려진 골짜기의 아침은
침묵보다 무겁다.
꽃들의 입술이 슬픈 것은
어떤 사랑이 머물렀기 때문이다.
시간 속의 꽃들이 빠르게 지나가고
그 옆을 지나가는 사람들의 말이
재빠르게 꽃을 움켜쥐었다가 놓는다.
며칠을 기다려 나비가 날아온다.

뜨거운 바퀴

유모차를 끌고

동네를 한 바퀴 돈다.

어린 봄이 잽싸게 올라타고

동네 구석구석을 안내한다.

초대장도 없었지만

부끄럽지 않다.

검불 속에서 실눈을 뜨고

올려다보는 새순들이

유모차를 힘껏 밀어 올린다.

가파른 언덕길을 타고

파랗게 달구어진 지구가

뜨겁게 바퀴를 굴린다.

걱정이 사라진다.

나는 내 상처를 흔들지 못한다

나무들도 배앓이를 하는 걸까.
작은 인기척에도 눈동자가 흔들리고
오래전 긁힌 상처 위로 나뭇잎이
쌓인다.
나는 나를 흔들지 못한다.
나는 내 상처를 흔들지 못한다.
그저 작아진 내가 나를 바라볼 뿐
익숙한 상처들이 작은 풍경을 흔든다.
바람도 풍경 소리에 귀뿌리가 새빨갛다.
나뭇잎도 덩달아 변한다.
묵은 체증 하나 목숨 버린다.
낡은 사랑 하나 목숨 잃는다.
배앓이에 익숙한 나는 산고를 치를 때까지
기다려야 한다.
미끄덩 절망 한 덩이가 빠져나간다.

감씨, 하나가

감 하나가 툭! 하고
시간을 떨어뜨렸다.

감씨, 하나가 투~ 툭! 하고
지구 하나를 떨어뜨렸다.

나와 감 사이에 노오란
금이 가기 시작했다.

감씨, 하나의 추억이
조용히 바닥으로 가라앉았다.

2부

숲 말없이 저물었다

나룻배 26

초라한 돛대로 오래 꿈틀거렸지.
그리운 바다 다시 돌아갈 수 있게
그렇게 사랑은 꿈틀댔지.
비틀거리면서 그리운 너에게
닿고 싶었지.

나룻배 27

목울음 토해낼 때마다
질경질경 모진 목숨 짓이겨지겠지.
사나운 덫 포구 가까이 쓰러졌다,
일어났다,
한세상이 비스듬히
밤바다를 떠가겠지.

나룻배 28

이승에서의 마지막 축제이게
아직 따뜻한 체온으로 춤출 수 있게
끄르륵 끄르륵 눈부신 햇살 여기 두고
질겅질겅 흰 물살 같은 목숨
끝나지 않을 가장 오래된 사랑 태우고 있다.

구름 위에 집을 짓고

천년 세월 동안
무너져 내렸어도 아직 다
무너지지 않은 사람이 있어.
꼭 그만큼 한 사랑이 있어.

천년 동안이나
다듬어 왔어도 아직 다
다듬지 못한 인연이 있어.
한순간의 절망이 있어.

천년 동안 맺혔던 한을
토해낸들 멈추지 않을 그 사랑
구름 위에 집을 짓고
일곱 빛깔로 떠다니렴.

어느 날
육십오억 만 년의 사랑이
다시 시작되던 그때는
지구를 기억하지 않아도 될 거야.

비오리

비오리들이 가볍게
물 위에 올라앉아 있다.
아이들이 돌을 만지작거리면서 놀고 있다.
아직 아이들을 발견하지 못한 오리들은
먼 산만 보고 그 자리를 떠날 줄 모른다.
옹기종기 아이들의 목소리가 들릴 듯 말듯
살갗이 투명한 강가에서 아이들의 목소리는
비오리의 무게만큼 가라앉아 있다.
미세한 손놀림과 부리가 작은 비오리들은
좀처럼 헤엄치지 않는다.
몸집은 작지만 함부로 방향을 바꾸지 않는다.
멀리서 돌멩이 하나 집어 힘껏 던져본다.
팔이 갑자기 짧아지면서 돌멩이를 놓친다.
시간이 위태롭게 비오리 옆을 비껴간다.
한참 앞으로만 달리다가 뒤돌아보니
비오리들은 아직도 그 자리에 미동도 하지
않고 앉아 있다.
시간도 작은 비오리처럼 물 위에 떠서
물끄러미 세상 밖을 내다보고 있다.

손이 그렇게 미끄러져

안개에 덮인 도시를
빠져나갔다.
전화기 코드를 뽑는
손이 그렇게 미끄러져
빠져나갔다.
도시는 부풀어 오른
입술을 말없이 다독거렸다.
K는 이미 형체를 잃은 말이었다.
안개는 도시의 목을 누르고
도시는 전화기 속에서 빽빽거렸다.
K의 부재가 수면 위로 떠오른 것은
수화기를 막 내려놓는 순간이었다.
안개는 도시의 두려움과 고요한 새벽을
모자이크하면서 유유하게 언어를 난도질했다.
그것이 사는 한 방식이었다는 변명은 훨씬 뒤
K를 통해 알았다.
사랑한다는 말과 헤어지자는 말이
수화기 속에서 윙윙거렸다.
허물어져 가는 안개의 모서리 속에서

K도 나도 도시를 미끄러져 다녔다.
안개는 그렇게 견고한 시간들의 요새를 빠른 속도로 허물어뜨렸다.

불안을 밥처럼

컴퓨터 전원을 켰다.
길들지 않아서였을까
급히 부름을 받고 길을 잃어버렸을까
한참을 기다려도 인기척이 없다.
초조가 자꾸 자판을 찍어 누른다.
김 아무개,
손 아무개,
박 아무개,
손가락이 무력해지고 입술이 타들어 간다.
DAUM에서 NAVER로 NAVER에서 DAUM으로
시원하게 모습을 드러내지 않는 저들의
무거운 음모가 잠깐씩 모니터 안에서 지글거린다.
OFF, OFF, OFF, OFF, OFF, OFF, OFF, OFF,
불통인 너와 나 사이에 어느새 어둠이 깔린다.
익숙해진 어둠이, 자막이 밤새 불안을 찍어낸다.
밥 같은 내 불안은 컴퓨터 안에서 누군가의 이름을
게걸스럽게 먹어 치운다.
ON..
불안을 그저 밥처럼 먹고 있다.
공기보다 맛이 가볍다.

" " " " " " " " " " " '

쉼표도 아니었다.
쉼표들의 집합에서
선이 만들어졌다.
너와 나를 이어주는 끈도
처음에는 드문드문 점에서
출발했다.

점들은 다시 점이 되고
쉼표는 다시 쉼표가 된다.
너와 나는 점이거나 쉼표다.
곧
아무것도 아니게 된다.
죽음도 하나의 선이다.

국민연금

너 어디 있니?
나는 아직도 술래다.
너를 잡기 위해 수천수만 리 단숨에 달려온 사냥개일지도
냄새 맡는데 이상이 생겼다. 뒤틀린 입술,
비비 꼬인 혀, 중환자실에 대기 중인 너의 뒤통수가 불안하다.
나이 들어 꼬부랑 할머니 때나 너를 만날 수 있을거나
두 다리 뻗고 잠들어도
ㄱㅗㅐㄴㅊㅏㄴㅎㅇㅡㄹㅈㅣㅁㅗㄹㄹㅏ
불룩하던 배가 그토록 아름다운 적은 없었지.
달거리보다 더 붉은 입술은 거짓말처럼 간지러웠지.
달콤한 꿀물이 흐르는 그 땅은 나의 마지막 보루.
푸른 피가 흐르는 너의 싱싱한 살점 한입에 털어 넣고
시방, 숨바꼭질하러 사립문 나섰다.
내 삶의 종착역, 여기서 너를 따돌릴 차례다.
다음 생으로 떠나갈 때까지 나를 올망졸망 따라다닐
노잣돈보다 더 화려한 이름을 찾아서

유 일 한,
옷자락이 보일라 머리카락이 보일라
나라님도 못 찾는 너는 위대한 그림자의 아들
족보에도 오르지 못할 개망나니
서편 하늘이 다시 붉어질 때까지
"어디, 어디, 잡아봐라"

수면제

하얀 알약 서른 알을 바라보고 있다.
길쭉한 타원형에는 아무도
풀지 못하는 암호가 포진하고 있다.
포만감으로 배가 부른 그놈이
미끄러지듯 내 손안을 벗어난다.
이제, 마·악 시작되는 통과 제의
바람도 없는 땡볕 속에서 하얀 꽃잎이
위태롭게 펄럭이다가 제 목숨의 길이
어디서부터 잘못되었는지 생각할 틈도 없이
입속으로 털어 넣어진다.
깜깜한 동굴을 지나면서 그놈은 여러 개의
방을 만들고 아직 탱탱한 제법 온기가 남아 있는
육신 하나 뉘일 자리를 찾아 나선다.
수문장도 없는 블랙홀을 지날 때부터
나는 알고 있다.
죽음이라는 것은 너무도 당연한 의식이라는 것을
삶 또한 아무것도 아니라는 것을
그 아무것도 아닌 삶에게 지금까지 질질 끌려 다녔다는 것이

참을 수 없이 부끄러워질 때, 저만치 가물가물 멀어지는
 얼굴들이 그리워지고 그리워질 때
 구멍이 숭숭 뚫려버린 위장이 거대한 도시를 쓰러뜨리기 시작한다.
 어디서부터 사랑이 잘못되었는지, 어디서부터 길이 꼬이기 시작했는지
 다시는 나를 깨우지 못하도록 불길한 예감이 위장 깊숙이 들어와 박힌다.
 아수라장 같은 도시는 희고 깨끗한 한 알의 알약으로 깨어난다.

실종

골짜기들이 물방울을 털어낼 때마다
나무들이 부르르 몸을 떨었다.
오래된 바다는 경건하게 몸을 감싸고
안개는 바닷속으로 가라앉았다.
나는 오늘 아침 게으른 산책에서
나의 부재를 믿지 않았다.
하얗게 산등성이를 덮고 있는 꽃들은
나의 정체를 도무지 알지 못했다.
나는 여기서 튕겨나가고 싶었다.
내가 실종된 이곳에서 아무 일도
일어나지 않았듯이 나의 실종은
짤막한 에피소드로 끝날 것이다.
녹차밭을 어지럽게 기어오르는 안개
그가 불쑥 내민 것은 이별이었다.
한 번도 내게 불평을 말하지 않았던
그래서 삶이란 것이 에피소드 같았던
한참을 지나서야 뭉퉁하게 만져지던
안개들이 하얗게 몸을 비틀었다.
꽃들의 얼굴에 생채기가 돋았다.

내 주머니 속에서 오래된 너의 기억이
조용히 문을 닫는다.
문 닫히는 순간이 너와 내가 소통하는
시간이라면 나는 문을 닫는다.
밟았어도 더 이상 땅이 흔들리지 않는다.
익숙한 얼굴들이 더 이상 말을 걸지
않는다.

오후 3시

창가에 앉아 있으면 바람 소리가
들린다.
오후, 3시의 바람 소리는 더욱
요란하게 북을 두들겨댄다.
원시림에서 나는 북채를 잃어버렸다.
북소리가 둥둥둥 울리는 것은, 여전히
환청 때문이다.
히말라야시다가 한쪽 가슴을 들어내고
벤치에 앉아 있는 남자의 얼굴 위로
쏟아져 내린다.
그 손끝이 어찌나 날카로운지 땅바닥으로
내려앉기도 전에 선혈이 낭자하다.
푸른 피들이 유일하게 출렁이는 바다까지는
아직 한참을 가야 한다.
바다에 아직도 이르지 못한 영혼들이
바람소리를 내면서 히말라야시다 위로
폭포수처럼 내려앉는다.
컹컹컹 개 짖는 소리가 들리고
쓰-쏴아- 둥둥둥 북치는 소리가 들린다.

내가 할 수 있는 일은 아무것도 없다.
할 줄 아는 것도 오래전에 잃어버렸다.
유리창과 얼굴을 맞대고 앉아서 무료하게
오후 3시를 만지작거린다.
창밖에서는 하늘과 땅이 만나고 있다.
아무도 그들의 대화를 들을 수 없다.
따분하게 유리창이 몸을 비튼다.
바람 소리가 귓구멍 가까이 다 달았다.
나는 부지런히 걸어서 푸른 피가 요동치는
한적한 바다에 닿아야 한다.
그곳에 가면 바람소리를 만날 수 있을 것이라고
벤치에 앉아 있던 남자가 가르쳐주었다.
오후 3시는
히말라야시다도 남자도 바다도 없는 곳에서 잠든다.

숲 말없이 저물었다

아침에도 일어나지 못했다.
어젯밤에 뒤엉킨 가지들이 그대로
잠든 채 누워 있었다.
나무들이 누워서 잔다는 말은 사람들이 선채로
죽는다는 말과 같은 뜻일까
아카시아 나무들은 그렇게 비바람에 사지가 잘려나 갔다.
가지들은 서로를 의지한 채 지난밤 요동치던 숲에 버려졌다.
어제까지 제자리를 지키면서 숲의 일부분으로 펄럭이던 나뭇잎들도
작디작은 슬픔으로 쪼개질 것이다.
그런데도 바람의 흔적은 끈끈한 개미주걱처럼 그 무지막지한 아가리를
벌리고 나에게 찰싹 들러붙어 있다.
떼어내기 위해 팔을 뻗었다.
나무들의 비명소리가 내 팔을 잡아 비튼다.
아~악! 내게 자비를 베풀면 안 되나요.
나·는·숲·을·사·랑·한·죄·밖·에·없·는·데

내 귀를 후벼 파는 나무들의 가느다란 신음소리가 날카로운 톱날에 잘려나갔다.
날마다 도시 한복판은 신경질적인 목소리들로 채워졌다.
목소리로 기억되는 나무들의 사랑이 오랜 습관으로 굳어질 때면
내가 나에게서 멀어져 갔듯이 숲이 숲에서 저물어갈 것이다.
뿌리까지 뽑힌 나무들은 나의 기억에서 재빨리 지워졌다.
아직도 제자리를 지키고 서 있는 나무들은 더 이상 숲이 아니다.
유령들이 사는 도시에서 연애지상주의자들이 모래 위에 나무를 심는다.
뿌리가 뽑혀 나간 것은 태풍 때문이 아니다.
숲의 침묵이 오늘따라 길고 모질다.

더부살이

대파 한 단을 사 왔다.
길가 좌판에서 3000원인
대파를 사 들고 배가 불렀다.
사과도 아니고 빵도 아닌 것이
노랗게 바랜 전잎 몇 개 후려치고 나면 아직
쓸 만한 게 많은 파 이파리를 생각하면서
흙속에 묻어주고픈 생각이 났다.
작은 화분 한 귀퉁이를 호미로 파고
더부살이를 시켰다.
이미 자리를 차지하고 있던 돈나무는
대파가 흙속에 뿌리 내릴 수 있도록
햇빛까지 골고루 나누어 주었다.
작은 화분 속에서 흙들도 동그랗게 몸을
말고 말을 아끼고 있었다.

3부

#미투와 me too 사이

쓴웃음

그대 말고
나 말고
어쩌다 만난다면
하루가 일 년 같고
한 달이 천 년같이 먼 그대를
우연히 딱 마주친다면
길거리 모퉁이가 단 한 번 주저앉아
뒤집히고
길도 아니고 나도 아니고 더더욱 그대도 아닌
쓴웃음들이 질펀하게 깔리겠지.

me too me too

꽃속에갇힌지오래다me too사랑속에파묻힌지오래다me too꽃이다me too사랑이다me too눈물도집밖에서뱅뱅me too내허리에서탄발음이카톡카톡새장이그리운아파트울지못하는아파트자유자유자you자아자너자아잠자끄덕끄덕me too행복한한반도me too정전평전통일me too으흐-흐잠속까막눈더듬더듬me too사랑하자me too통일은하자me too밥도먹자빛잔치도하자me too눈부셔오호호호me too꿈속에서너를훔친다나는사랑하고싶다me too한반도같은아이를낳고싶다me too원래우리는쌍둥이나는내가아니고너였다me too

#미투

 벌판에 나를 가둔 지 오래되었다 뱀허물로 가득 찬 뱀들의 역사가 희미하게 기록되어 있다 자유롭다고 말할 수 있는 너와 재수 없었다고 말한 너의 입들이 메가톤급으로 뉴스의 머리를 짓누른다 아무것도 가진 것이 없다고 투덜거리던 너의 입에서 달그락 소리가 난다 나는 여전히 땅속에서 니가 흘린 단물을 빨아먹고 무성했던 소문을 기억하기 위해 담금질한다 비가 내리고 속살까지 젖어 와도 도통 너의 소식 들을 수 없다 들판 가장자리가 들썩인다 나 같기도 하고 너 같기도 한 앳된 페르소나들이 실실 웃는다 창자가 비비 꼬인다 웃지 못하는 우리들이 나부낀다 바람까지 씩씩거린다 봄바람은 십자가 꼭대기까지 솟구친다는데, 뿌드득 푸드득 이빨 부딪친다 벌써 목울대 밑까지 치닫는 #미투 바람에 갑자기 속이 울렁거린다 물렁물렁한 내가 토해낸 #미투가 오늘은 어디서 까맣게 타고 있을까 얼굴도 없는 니가 #미투라고 말하는 니가 이제야 겨우 달군 벌판들이 힘겨루기를 하고 있다 오랜만에 청군백군 기싸움 같은 #미투가 동방예의지국을 관통하고 있다 벌판의 뿌리는 어디에 있을까 #미투의 뿌리도 지금쯤 #미투 권력이라는 몸통도 #미투 아으 아롱다리

#미투와 me too 사이

수업 시간에 나는 한숨을 쉬었다
아이들이 휘둥그레 입을 열고 물었다
요즘 항간에 떠도는 #미투의 사연을
입에 담기 거시기하니까 도통말이막힌다
시사문제랍시고국민이알권리를 남발하면서
#미투와 me too 사이에는
여자와 남자가 있다,라고 말했다
그리고
연민을 가득 입안에 넣고 me too는
내가 무지 사랑하는 말이었다고고백했다
아그들이왁자하게떠들었다똥구멍같은
입술을뚫어져라쳐다보았다
나는갑자기수치스러워졌다아니다
그것이아니다 me too는#미투와 다르다
예를들었다친구야오늘날씨가참좋다
우리나라도통일이되었으면참좋겠다
나는너를죽도록끝까지사랑하면좋겠다
등 등 등

나무들 바람을 등지고 서다

애초
나무들은 귀머거리다.
소리를 듣지도 못하고
말하지도 못하는
바람이 온종일 흔들어대도
나무들은 그저 바람을 등지고
서 있다.
비쩍 마른 몸에 어쩌다 눈길이
스치면 나무는 소스라치게 외면한다.
빈 가지마다 겨울바람에 목이
타들어 가도 목마르다 말하지 못하는
벙어리다.

그리움은 발정난 개처럼 컹컹 짖는다

그리움을 삭이다가 돌을 씹었다.
어금니와 돌 사이에서 삭이다 만
그리움이 처참하게 으깨졌다.
연민은 그 뒤를 따라 사정없이
짓이겨졌다.
기억의 파편들이 금지된 구역을
배회한다.
어떤 것의 존재들이 부유한다.
순식간에 모든 것을 잃었다.

어둠 속에서
입술들이 희멀겋게 떠다닌다.
새벽바람이 불쑥 일어선
입술들을 지워버린다.
입안에 홍건히 고인 그리움이
새벽바람을 야금야금 먹고
있다.
아침이 오기도 전에 그리움은
발정난 개처럼 컹컹 짖는나.

내 입은 거짓말로 반들거린다

나는 창문을 열었다 닫았다를
반복하였다.
사랑한다는 말도 했다 안 했다를
반복하였다.
반복은 반복을 먹어 치우고
반복으로 허기졌다.
반복이 반복을 데리고
허기진 관계 속을 제 맘대로
굴러다닐 때
성난 장대비가 창문을 북! 하고
찢어버렸다.
반복은 반복을 보고 놀랐다.
놀라면서 제 몸뚱아리를 찢어버리는
이상한 버릇.
반복이 쌓여갈수록
내 입은 거짓말로 반들거린다.

완행버스는 수시로 흔들리고

상사화는 자꾸 덜컹거렸다.
선운사 경내도 덩달아 덜컹거렸다.
완행버스는 수시로 흔들리고
제 의지로 흔들리는 사람들은
목숨을 내놓았다.
목숨을 내놓은 버스가 보고 싶은
얼굴을 향해 앞으로 돌진할 때
세상은 자꾸 거꾸로 밀려났다.
질주하는 버스 안에서 나는 열심히
앞으로 꺾어지고 그럴 때마다 뒤로
밀리는 이유를 알 것 같았다.
알 것 같아서 나는 운전수를 향해
냅다 소리를 질러댔다.
"흐매.... 저것이 뭐시당가 잉!"
상사화는 나를 기억하지 못했다.
한때 푸른 줄기였거나 붉은 입술이었던
첫사랑이 덩달아 새파랗게 웃었다.
선운사도 덩달아 빨갛게 달아올랐다.
완행버스는 수시로 모습을 바꾸고

유배지에서 오래 달구어진 바퀴는
저 홀로 가을 언저리를 새빨갛게
물들이고 있었다.

눈부신 고개를 디밀고

낡은 집 담장 너머로
겨우 고개를 쳐들고 있는 감나무.
아래로
아직, 어린 감들이 옹기종기 몸을 붙이고
세상 밖을 내다보고 있다.
감은 암팡지게 다 부려져 제법 색기를 품고
여린 숨 냄새가 마당 가득 넘쳐 있다.
나는 빗자루를 들고 감나무 밑에서 떨어진 지 오랜
감또개들의 거무죽죽한 삶을 들여다보고 있다.
무엇이 뒤틀려서 목숨을 버렸는지
왜, 누구를 위해서 삶을 내팽개쳤는지
나도, 더러 삶을 바닥까지 내동댕이치고 싶었던,
감 하나가 감나무에서 떨어질 때 감과 감나무 사이에
파아란 금이 가기 시작했다는 것을
투 툭!
부패 직전의 지구 하나 거무튀튀하게 발아래서 뒹군다.
나는 그 지구를 빗자루로 쓸어 조심스럽게 비닐봉지에 담는다.
 이제, 썩는 일에 익숙해져 있다. 그러다가 한 번도 익숙해지지 않았다는 것을 깨닫고 황급히 쓰레기봉투를 틀어막는다.
 감 하나가 동 동 동 허공에 박혀 있다.
 물구나무선 채로 뿌리까지 허공에 박혀
 낡은 담장 너머로 눈부신 고개를 디밀고 있다.

아침입니다

노오랗게
아침이 피어 있었습니다.
실국화가 무서리와 함께
뒤엉켜져 버린 그날 밤
언니는 그 밤의 문을 열고
떠나버렸습니다.
인기척도 없이 혼자서 끙끙 앓다가
문 여닫는 소리도 듣지 못했습니다.
하늘에 있는 문은 너무 높아서
아직 아무도 열지 못했습니다.
문고리가 어떻게 생겼는지
자물쇠도 우리 눈에는 보이지 않습니다.
때가 되면 저절로 열리는 문이지만
누군가의 슬픔으로 만들어졌다지요.
이 가을, 깊어지는 한숨과 아픔이
노오랗게 무서리와 뒤엉켜 문 뒤에서
흐느낍니다.
아침이 그냥 슬쩍 지나가려 합니다.
차마, 깨울 수 없어서 어둠 속에서

웅크리고 있습니다.
그렇게 오랫동안 웅크리고 있어도
들리지 않았습니다.
아무 소리도, 그렇게 서성거렸는데도
어느새, 문이 열렸습니다.
지금쯤 어둠이 쫓겨 가는 소리를
들었을지도 모릅니다.
서둘러야 아침이 옵니다.

바닥

남편은 바닥에서 자는 것을
좋아한다.
밤마다 나는 그를 유혹하기 위해
단 홍시를 준비한다.
퀸 싸이즈의 홍시는 아침이 되도록
협탁 위에서 그림으로 남아 있다.
나는 기다리다 못 해 베개를 가슴에 안은 채
응접실 바닥으로 내려간다.
남편은 응접실 바닥이 아내라고 말한다.
체온이 40도인 아내는 밤새 남편을 따뜻하게
데워준다. 나이가 40살인 바닥은 아직도
바닥인 채로 남아 있다.
남편은 50이 되어도 60이 되어도 바닥을
떠날 수 없다고 말한다.

저기, 작은 별 하나

저기,
작은 별 하나 울고 있습니다.
그 울음이 너무 커서 한반도 방방곡곡을
온 세계를 통곡으로 물들였습니다.
저기,
작은 별 하나 통곡하고 있습니다. 아무 죄도 없는
작은 생명 하나 무참하게 짓밟히고
온 나라는 슬픔과 분노로 통곡하고 있습니다.
신학을 다시 공부해서 세계평화에 쓰고 싶다던
젊고 야무진 영혼의 소유자 고 김선일 씨의
■나는 살고 싶다■ ■나는 살고 싶다■ 하는 절규가
가슴 한복판에 대못으로 박혀버렸습니다.
욕심 많은 우리들 대신해서 먼저 가신 그대여!
세계 평화란 미명 아래 희생양이 되신 그대여!
아무 대책도 세우지 못하고 중구난방하고 있는
 힘없는 조국의 현실을 용서하소서. 가슴 아파 다시 눈
뜨게 하소서. 악은 악을 부르고 피는 피를 부르고
 전쟁은 전쟁을 부른다는 진리를 깨닫게 하소서.
 그래서 이라크 파병은 철회되어야 한다고

그래서 중동 평화는 그들의 손으로 일굴 수 있도록
그래서 어제의 형제 아우가 오늘은 적이 되어서는 안 된다고
그래서 서로 내가 먼저 양보하고 함께 고통을 나누자고
지금, 나는 묻고 싶습니다.
진정, 우리가 원하는 것은 무엇인가
무엇 때문에, 왜, 왜, 왜, 그래야만 하는지
오늘은 하던 일을 내려놓고 묻고 싶습니다.
대답해 주십시오. 말씀해 주십시오.
답답한 가슴 천근처럼 다시 누르지 말고
억울한 사연 나 몰라라 하지 마십시오.
빗장 열고 말씀해 주십시오.
내가 아프면 다른 사람도 아프다는데
내가 슬프면 다른 사람도 슬프다는데
다시는 아프지 않도록 작은 별이 된 고 김선일 그대여!
조국은 시퍼렇게 눈 뜨고 그대가 간 길을 지켜볼 것입니다.

때로는 사람들의 가슴속에서 꺼지지 않는 촛불이 되어

때로는 절대로 멈출 수 없는 강물처럼 흘러서 평화, 평화로

가는 길목에서 그대를 만날 수 있을 것입니다.

그대여! 편히 잠드소서. 아름다운 조국을 잊지 마소서.

끈

아버지는 항상 두 눈이 충혈되어 있었다.
그 충혈된 눈으로 당신의 세상을 만드시고
당신 속에 은밀하게 만든 끈으로 어머니를
친친 묶으셨다.
아버지의 끈에서는 비릿한 피 냄새가 풍기고
집 안 가득 문이란 문은 모두 끈으로 치장했다.
아무도 들여다볼 수 없도록 대문을 잠그고
쪽문에도 못질하셨다.
모든 문이 캄캄한 벽이 되고 아버지의 끈은
살모사처럼 어머니를 삼키기 시작했다.
아버지의 집요한 끈과 어머니의 엉성한 끈이
날마다 집 안 곳곳을 헤집고 돌아다녔다.
나는,
어두워진 마당에서 두 눈이 충혈된 채
산산조각이 난 끈들의 행방을 찾기 위해
이미 싸늘하게 굳어진 어머니의 품속으로
뛰어들었다.
어머니는 늘 따뜻했다. 눈물이 하염없이
강물을 따라가도 어머니는 한번도

그 엉성한 끈을 포기하지 않으셨다.
언젠가, 어머니가 포기할 수 없었던
그 끈 안에서 싱싱한 뿌리 하나 만져지기를.
그 끈 속에서 어머니의 따뜻한 음성 들려오기를.

낮은 언제 다시 올까요
―일본 참사(센다이의 쓰나미)

낮이 지워지고 있다.
거대한 해일 앞에서
희멀건 미소를 입가에 흘린 채
그대로 멈추어 버렸다.
산이 지워지고 지붕이 지워지고 있다.
초고속으로 밀려드는 쓰나미 앞에서
산과 지붕들이 희멀건 뱃가죽을 드러낸 채
죽어가고 있다.
사람들이 소식이 없다 인기척도 끊긴 지 오래다.
두문불출하던 바다가 부글부글 들끓는다.
거대한 악마가 육지를 향해 돌진한다.
창 방패도 없이 권총 기관포도 없이
부드러운 물결로 세상을 지워버리고 있다.
깡그리 경계를 허물고 지레 겁을 먹는다.
언제 한번 바다에 고운 시선 준 적이 있었는가.
언제 땅바닥에 절을 한 적이 있었던가.
 무방비한 자연이라고 함부로 까불고 찧고 했던 기억이
 바다를 성나게 한 것일까.

구름들도 망연자실하게 내려다보는 오후 한나절
문자가 터지지 않는 수화기에서 낮이 자맥질을 한다.
바다와 육지의 경계가 모호해지고 전선이 끊어지고
통신이 두절되고 다시 최초의 모습으로 발가벗겨졌다.
사람과 쓰레기와 모든 것들이 혼돈으로 버무려지고
낮이 처참하게 무너지는 소리가 컥컥 고속도로를 달린다.
고층 빌딩, 하나다 비행장, 원자핵 발전소에서 파락호의
신음이 들린다.
음산한 발걸음과 처절한 비명이 바다와 함께 버무려진다.
낮이 지워진 거리에는 밤도 지워진다.
모든 것이 멈추어버린 거리를 바다는 종횡무진 활보한다.
바다가 지운 낮은 언제 다시 돌아올까.

4부

행복한 낯짝

사과

나를 아래로 끌어내리면
형이하학과 만날 수 있을까.
내가 위로 위로 치솟아 오르면
형이상학이 이루어지는 것일까.
오매불망 그리다가 지우다가
금지된 선을 넘는다.

불덩이 속에서 잠자고 있는
원시림 속에서 헛구역질하는
나를 알아볼 수 있을까.
어둠 사이에 겨우 끼어 있는
출렁이는 바다 저편
금지된 선을 넘어가면
붉은 나를 알아볼 수 있을까.
밤낮으로 탐하다가
다시 떨쳐낸 금지된 사랑.

대문 앞에 앉아

눈을 감으면
파아란 대문이 있는
그리운 집이 떠오릅니다.
엉덩이를 깔고 앉아 하염없이
달을 쳐다보면서도 귀를 잘라
천 리 밖으로 내 던졌습니다.
잘린 귀가 다시 내 귀에 붙어
쏴르르 쏴르르 울음소리를 내면
나는 어느새 버드나무가 되어
그르_륵 그르_륵 울었습니다.
우리 집 대문 앞에 앉아서 바람과
함께 사라지다의 비비안리처럼
머리에 파마를 하고 비비안리처럼
울고 웃었습니다. 바람소리가 너무
좋아서 내가 바람인 줄 알았습니다.
만 리 밖에서도 알아들을 수 있었던
그 바람소리
지금은 귀에 멍이 들었는지 쏴르르
쏴르르 듣지 못합니다.

다만,
좌르르르르최르르르르찌르르르르
끼륵 끼득 킥.

동백꽃가지

먼동은 터지지 않았지요.
겨울비가 수상하게 오락가락하더니만
불그죽죽한 꽃잎이 뼛속까지 파고들었다오.
눅눅해진 하늘이 아주 잠깐 환해졌다가
거무칙칙한 울음을 토해냈는지
이미 떨어져 나간 꽃봉오리가 길 위에다
또 다른 길을 만들었지 뭐-유.
겨울비가 오더니만 잠잠하니 밖을 내다보오.
방금 꽃잎을 토해냈던 울음 가장자리에 뿔이 돋았소.
동백꽃이 머리를 풀고 실실 웃소.
미친년
가지 끝에 위태하게 매달린 저 길들 좀 보소.
미쳤지
지가 뭐라고 허공에다 길을 낸다고 저리 볼품도 없는
세상에서 가장 작은 길을 닦는 소리가 요동을 치니
길들이 터지기 시작해요.
수도 없이 많은 길들이 어미의 자궁 속에서
미끄러지듯 빨려나오요요요요.
어매, 동백꽃가지 같은 어매.
목 놓아 불러도 어매는 없소 동백꽃 같은 엄니.

비단뱀

어둠밖에 볼 수 없어서
어둠을 보았습니다.
그때쯤이면
눈물이 자꾸 마렵습니다.
고향집 고샅길은 하늘로 머리를 둔
한 마리 비단뱀이었습니다.
알록달록한 몸뚱이가
내 발목을 물었습니다.
어머니의 발목은 이미 피투성이였습니다.
작은 내 등에 업힌 어머니는
고샅길 밖으로 굴렀습니다.

어머니 밥상

비를 먹었다.
입안에서 쫄깃쫄깃 씹히는 봄을
섞어서 맛있게 먹었다.
눈물이 났다.
춘궁기에도 그들막하게 차려주시던 봄밥상.
어머니 밥상에는 냉이 쑥 달래 등 봄잔치가
한창이었다.
봄비를 그들막하게 먹고
어머니! 어머니! 하고 불렀다.
어머니 배가 불러요.
봄을 정성껏 차려주시던 어머니.
봄에서 눈물이 났다.
어머니의 눈물에도
봄이 찾아왔다.

날개가 되고 싶었다

바다를 건너면서도 두렵지 않았다.
아니 두렵지 않다고 생각조차 할
시간이 없었다.
그것은 하나의 오래된 침묵이었다.
케케묵은 약속이지만 신앙이었다.
안전할 거라는 믿음이 사랑이었다.
사람들은 달랑 탑승권 한 장에
전 생애와 목숨까지도 내려놓는다.
나를 내려놓으면서 누군가에게
비행기 탑승권 같은 존재가 되었던
적은 없었을까.
하늘을 가르는 저 비상하는 날개
무거운 나를 꺼내놓으면서
날개가 되고 싶었다.

나는, 다시

찬란한 햇빛 속에서 뒹굴었다.
몇몇 타오르는 붉은 강의 추억을 지우며
뻘겋게 목이 쉰 채로 나뒹굴었다.
빛이 어둠이라는 것을
갈증으로 까맣게 타들어 갈 때쯤 알았다.
늦은 저녁처럼 그 뒤에 오는 그리움
따위야 내 상관할 바 아니지만 조바심 때문에
덧칠하듯 조각난 햇빛들을 짜 맞추기 위해
나는, 다시 햇빛 속으로 나를 밀어 넣기 시작했다.

봄비

커튼을 젖히자
속살이 드러났다.
창백한 얼굴에서
슬픔이 흐른다.
사흘 내 눈물을
흘리고도 끄떡없다.
단물을 받아먹고
혈기왕성해진 너의
품속을
파고들 때마다 풋풋한 엉덩이가
들썩인다.

결혼

나는 처음으로 태어나고 있습니다.
내가 만지는 모든 것들은
하얀 꽃잎입니다.

나는 처음으로 당신을 바라봅니다.
내가 바라보는 모든 것들은
황금처럼 빛났습니다.

탄탈로스의 형벌처럼 계속되는 갈증과
굶주림 뒤에 찾아오는 달콤한
꿈의 조각입니다.

당신의 뜨거운 입김은
꽁꽁 얼어붙은 대지를
다시 용수철처럼 뛰어오르게 합니다.

활화산 속에서 솟구치는 뜨거운 맥박은
낮에서 밤으로
흘러갈 것입니다.

킬리만자로의 표범처럼 날카로운 이빨과
붉은 장미보다 더 붉은 아름다운 심장과
그리고 우리들의 그 영원한 약속.

행복을 오래 길들여야 합니다.
기쁨을 오래 곁에 두어야 합니다.
당신은 무엇보다도 사랑이기 때문입니다.

행복한 낯짝

돌다리를 넘어서자
목소리가 들리지 않았다.
방금 전까지만 해도
천둥소리를 몰고 다니는
토르님*의 낯짝이 보였다.
너와 내가 부딪치면서 내는
소리도 감쪽같이 사라져버렸다.
그랬다.
고개를 돌리기만 해도
행복한 낯짝들이 관계의 방정식을
새롭게 뜯어고치고 있었다.
심각하게 생각하지 않기.
오해 없이 받아들이기.
인문학의 낯짝들이
오래 돌다리를 두드렸다.
방금 전까지 내가 들었던 소리는
분명 토르의 목소리였다.

*토르(고대 노르드어: ᚦᚢᚱ; Þórr)는 노르드 신화의 에시르 중 망치를 든 이로, 그와 연관되는 개념으로는 천둥, 번개, 폭풍, 참나무, 체력, 인류의 보호, 정화, 치료, 생산성 등이 있다.

강의 얼굴

시간을 가두다니
누군가 긴 혀를 말아 올리며
투덜댄다.
강가를 떠도는 늙은 수양버들의 뿌리 같은

그리움의 껍질들이 지구의 중력을
더듬는다.
스마트 폰 속 늙은 남자의
냄새가

물 위에서 잘려 나간다.

노란 나비

눈물이 말라붙은 것은 창세기부터였다.
수천 년 쌓여 깊은 잠 속을 떠도는 이별이었다.
짓물러진 절규만이 온 나라를 떠돌 때 여린 입술
들의 공포, 끝내 슬픔이 치솟는 진도 앞바다.
세월호는 수치스럽게 삶 저쪽으로 가버렸다.
아무리 휘저어도 니가 만져지지 않는다.
아직도 교실이며 집 안 곳곳을 드나드는 너의 입김.
아직 잠들지 못한 따뜻한 체온.
기다린다 기다린다 기다린다
노란 나비 떼들이 하늘나라까지
다리를 놓아주면 나는 갈란다.
니가 있는 곳까지 하늘하늘 나비 떼를
따라가련다.
뒤척여도 그리운 것은 너를 만나는 일.
죽어서도 너를 만나 힘껏 안아보는 일.

뚫리지 않는 길

막혔던 도로가
뚫리기 시작했다.
자동차 행렬은 서로의 발목을
탐내다가 다시 움직였다.
길 위에다 다시 길을 새기는 작업은
지루하였다.
하품이 조금씩 가늘어지고
차들이 앞으로 나아갔다.
막혔던 길들이 다시 열리자
다른 길들이 막혔다.
기다려도 뚫리지 않는 길은
기다림뿐이다.

고백

편지를 쓰고 싶다.
얼굴을 알지 못하는 누군가에게
익명의 편지를 부치고 싶다.
단풍잎으로 물든 가을에게도
그냥,
당신을 사랑하고 싶다고
당신이란 바다에 빠지고 싶다고
얼굴 붉힌 가을에게 물들고 싶다고
그렇게 쓰면 깊어지고
깊어져서 서로 얼굴을 맞댈 수 있고
얼굴을 맞댈 때 꼭 이 말을 해야겠다.
사랑 같은 것을 가슴에 품었는데
사랑이 서로를 알아보았는데
존재의 깊은 늪 속에 너를 새겼는데
편지는 저 혼자 걸어가면서
하얀 백지에다 읽을 수 없는 글을 쓴다.
가고 싶은 곳으로 훨훨 날아가면서
밤새 편지를 쓸까 말까 망설이는
나를 모르—는 척 그렇게 지나가다

■□ 해설

헨카이판(Hen kai pan)의 연대기

전형철(시인, 연성대 교수)

  이것은 범신론이 아니다. 본디 하나이면서 동시에 전부인 그리고 그 스스로 세계이며 유일한 정부(政府). 시인에게 이것의 호명은 품는 것을 넘어 포월(包越)의 역사이며 자재하는 만유의 바로세우기이다. 범(範, canon)이나 범(凡, common)이 아닌 단독자(單獨者, Der Einzelne)의 유일성과 치열함이 다시 한 시인의 운명 위로 가로새겨진다. 아니 소여(所與, Gegebenes)된 세계로부터 유래 또는 견인된 모든 명제가 한 시인 앞에 부려진다.

  내장된 차이를 바로 보며, 개별적 존재로서의 차이와 틈을 보전하고 그대로 나아가는 하나의 연대기를 꿈꾸는 시인이 여기 있다. "그저 꽃잎으로" 스며 무연히 "무수한 얼굴들로 번져나"(「그저 꽃잎으로 번져나갔다」)간다. 이것은 시인의 선언이며 힘을 가진 방향, 벡터(Vector)의 이해 방식과 관계, 의식의 혁명이 다층적으로 구현된 언어의 사탑(斜塔)이다. 또한 이것은 시각과 시선의 문제 너머 관계의 전유적 사고이자 탐색의 시험지이다. 그리고 그 출발은, 기항은 대지로부터 자란 뿌리를 가진 것들로부터 시작된다.

1. 이그드라실(Yggdrasill)의 현상적 구현

　허갑순 시인의 시집『그저 꽃잎으로 번져나갔다』는 '운명'에의 '울음'을 '지혜'롭게 지탱하는 자의 겸허한 안내서이자 고백록이다. 북유럽 신화의 그것처럼 이 모든 것은 자기 스스로를 신의 위치로 정위(定位)시키지 않는 데 수많은 가능태(可能態)를 예비한다. '눈물-아픔-무관심', '심심-한심-기막힘' (「시인의 말」)의 삼각형은 '상생(相生, 常生)'으로 수렴된다. 때문에 시인에게 꽃과 나무는 시인의 나라와 세계수(世界樹)의 돌올한 인자로 묘파된다.

꽃잎에 물이 들었다.

연분홍으로 번졌다.

어둡던 세상이 갑자기

환한 웃음으로

터졌지만

늘, 알 수 없는 안개도

뭉텅하게 만져졌다.

후회뿐인 아침에도

햇빛 찬란한 오후에도

그저 꽃잎으로 번져나갔다.

밖으로 번져나갔다,

안은 이미 다시 어둠으로

꽃잎은 아무 말 없이 그저

번져나갔다.

그렇게 퍼지다가 보이지도

만져지지도 않는

무수한 얼굴들로 번져나갔다.

-「그저 꽃잎으로 번져나갔다」 전문

꽃잎은 꽃잎 자체일 때 세상과 교유(交遊)할 수 없다. 시인은 미분화된 세상의 작은 진리 하나를 거기에 부여하고 발견한다. "꽃잎에 물이 들었다"의 '물이 드는'은 한 세계의 열림을 의미하는 것이다. 처음부터 있던 것이 아니고 연분홍 물이 그 중심을 흔들고 내·외부로 아주 천천히 "번져나가"는 것이 바로 시인이 파악한 삶의 본체이자 진리의 한 명제이기 때문이다. 그리고 시인은 놓치지 않는다. 그 과정에는 "환한 웃음"과 "알 수 없는 안개"와 '후회의 아침'과 '찬란한 오후'가 대위되고 있으며, 그 '물(물듦)'이 중심에서 외부를 향해 팽창하는 빅뱅(BigBang)의 순간 내부는 다시 태초의 어둠으로 돌아간다는 사실을 시인은 지혜롭게 전언한다.

"네가 떨어지는 속도를 기억"(「떠도는 사랑」)하는 시인의 인식 하에 마지막 저리도록 아름다운 사태가 펼쳐진다. "죽음도 하나의 선이다"(「°°°°°°°°°°°°」)라고 말하는 시인에게 "퍼지다가 보이지도/ 만져지지도 않는" 그것은 하나의 현상학적(現象學的) 구현이다. 그리고 그것은 실재하지만 만져지지도, 하나로 특정되지도 않아 무수히 열려 있는 불확정적 세계에 대한 애정과 인유(引喩)로 가슴 한 켠을 묵직하게 치고 '번져나간다'.

그 집에는 나무가 한 그루 서 있었습니다.

미루나문지 상수리나문지 몸통으로는 알 수가 없었습니다.

한 떼의 새들이 우르르 몰려왔다가 가곤 했습니다.

새들이 지나간 자리에는 아주 작은 우주가 매달려 있는가 하면

구름의 노래가 비스듬하게 걸려 있었습니다.

사람이 다녀가지 않은 그 집에서 내가 만날 수 있는 것은

가슴 서늘하게 파고드는 적막과 금이 가기 시작한 사랑이었습니다.

지금 생각해 보면 그 집에 서 있었던 것은 한 그루 나무가 아니고

쓸쓸해져서 노랗게 바래버렸던 내 자신이었습니다.

그리고 얼마 후 나를 떨구기 시작했습니다.

내 발밑에서 작은 생명들이 적막처럼 기어 다녔습니다.

- 「빈집」 전문

이 시는 시인이 직접 그린 세계수의 한 장면이다. 집은 세계이며 그것은 태허(太虛)의 공간처럼 비어 있다. 그리고 나무 한 그루가 서 있다. 미루나무와 상수리나무의 외형은 분명히 금세 구별이 가능하지만 그것은 이 국면의 문제가 되지 않는다. 몸통과 겉모양이 아니고 "한 떼의 새들"이 "몰려왔다 가"고, "작은 우주"인 열매와 "구름의 노래"에 방점이 찍혀 있기 때문이다. 기능의 실재화는 예의 9가지 가지처럼 뻗어 있다. 사람이 없으므로 세계가 필연적으로 배태할 수밖에 없는 "적막과 금" 속에서 시인의 아모르 문디(Amor mundi)는 새롭게 변주된다. 그것이 단순히 쓸쓸함에 기인한 것은 아니며 우리 모두에게 부여된 자기 인식, '자기증명' 앞에 선 단독자의 운명에 데인 탓이다. 가장 깊은 절망은 새로운 '바닥을 물들이기 시작'한다. 그리고 "무덤 속에서 비로소 나의 얼굴을 본다"(「사랑인 줄 몰랐던 내 사랑」)처럼 나를 내려놓는 의식(儀式) 속에 마침내 "작은 생명들이 적막처럼 기어" 다시 한 세계를 열어젖히는 것이다.

2. 우주의 구상화(構想化)

 허갑순 시인은 현상(現像)을 현상에 던져두고 멈춰 있지 않는다. 시인은 단단한 이지(理智)의 굴림을 통해 우주를 구상한다. 생각의 힘이 '운명의 샘'에 빠지지 않고 숨겨진 비의(秘意)를 다지고 세운다면 그것은 코키토(Cogito)의 새로운 변곡점이 된다.

>감 하나가 툭! 하고
>시간을 떨어뜨렸다.
>
>감씨, 하나가 투~ 툭! 하고
>지구 하나를 떨어뜨렸다.
>
>나와 감 사이에 노오란
>금이 가기 시작했다.
>
>감씨, 하나의 추억이
>조용히 바닥으로 가라앉았다.
>
>-「감씨, 하나가」 전문

이 시는 바로 시인 이상의 「최후」라는 시 "사과한알이 떨어졌다. 지구는부서질정도로아팠다. 최후. 이미여한한 정신도발아하지아니한다."를 떠올리게 한다. 이상이 중력과 상대성의 과학적 진실을 미학적 감각으로 전유했다면 허갑순 시인은 한 발 더 나아가 시간과 중력의 전복, 그리고 상대적으로 비끌어지는 '주름'(들뢰즈, 『Le Pli』)까지도 보여주고 있다. 감 하나가 떨어지는 것은 찰나의 시간이나 그것은 하나의 사건의 시작을 알리는 것이다. 또한 감씨가 노출됨으로 "툭!"이 "투~ 특!"으로 실존의 몸을 바꾸는 전화(轉化)의 순간 소리를 통해 공간의 새로운 탄생을 탈주하는 벡터에 주목한다. 그것이 우리가 인지하는 지구이든, 감씨 속에 새롭게 내재된 지구이든 새로운 시·공간 이송과 탄생이 있음을 이 짧은 시는 웅변하고 있다. 그리고 그러한 사건의 핵(核)인 '감'과 '나' 사이의 새롭게 펴고 접는 내재성의 원리를 다시 "조용히 바닥으로 가라" 앉는 바닥으로 갈무리 해낸다.

기실 시인의 이러한 사유의 강한 맥박은 시집 여러 곳에 발견되는데, 다음의 시에서처럼 눈부시게 펼쳐지기도 한다.

나도, 더러 삶을 바닥까지 내동댕이치고 싶었던,

　　감 하나가 감나무에서 떨어질 때 감과 감나무 사이에

　　파아란 금이 가기 시작했다는 것을

　　투 툭!

　　부패 직전의 지구 하나 거무튀튀하게 발아래서 뒹군다.

　　나는 그 지구를 빗자루로 쓸어 조심스럽게 비닐 봉지에 담는다.

　　이제, 썩는 일에 익숙해져 있다. 그러다가 한 번도 익숙해지지

　　않았다는 것을 깨닫고 황급히 쓰레기봉투를 틀어막는다.

　　감 하나가 동 동 동 허공에 박혀 있다.

　　물구나무선 채로 뿌리까지 허공에 박혀

　　낡은 담장 너머로 눈부신 고개를 디밀고 있다.

　　― 「눈부신 고개를 디밀고」 부분

이 시에서도 하나의 개별화 될, 새로운 단독자로서의 열

매인 감은 모세계(母世界)인 감나무와의 우주적 분열을 일으킨다. 그 예감(豫感)과 예지(叡智)와 기미(幾微)가 시에서 역시 "금"으로 표상되고 있다. 감은 감나무에서 떨어짐으로 잠재성에서 실재성의 존재가 된다. 지구라는 또 다른 구(球)와 외접(황순원, 「공」)하게 되고 '썩음'을 통해서만 허공에 '눈부신 고개를 디밀'어 한 존재로 자리매김한다. 그리고 시인은 묵묵히 또 조심스럽게 이 모든 구상의 한편에서 "담는"이라는 행위를 통해 통제하지 않고 기여한다. 시인은 "창조(創造)는 무(無)에서 유(有)를 만들지만 생성(生成)은 유(有)에서 유(有)를 만드는 것이다"라는 들뢰즈의 언명 속 생성을 다시 「시인의 말」에서 그랬듯 '상생(相生, 常生)'으로 다시 이름 붙인다.

3. 관계와 결락의 재전유(Reappropriation)

관계는 재배치되게 마련이다. 전유된 모든 권력이 필연적으로 혁명을 통해 재전유의 과정을 거치는 것처럼 어떤 강한 자장은 시인의 기억과 몸의 깊은 곳에서 새롭게 재귀(再歸)된다. 영원의 불가능성 너머에 "금"은 결락의 작은 고원(高原)을 의미한다. 시인이 주목하고 있는 모든 살아 있던 것, 살아 있는 것, 그리고 살아 갈 것에 맥동이 있다.

 아버지의 눈물은 먼지였다. 내가 닿을 수 없었던 초미세먼지였다. 아침이면 매캐한 내음이 전신을 감쌌다. 미세먼지가 뭔지도 모르던 그 시절 먼지 대신 아버지가 있었다. 겨울철이면 먼지투성이인 고드름이 가난한 지붕에 주렁주렁 매달릴 때면 아버지의 기침 소리는 높아졌다. 목울대를 넘지 못하는 미세먼지는 독설로 돌아왔다. 입이 불같았던 아버지는 내내 미세먼지를 고드름 대신 빨아 먹었다. 영문도 모르는 고드름이 땅바닥으로 떨어지면 철없이 환호성을 질러댔다. 푸르스름한 기운이 도는 고드름은 떨어지기도 전에 박살이 났다. 뾰쪽한 아버지를 입에 물고 다녔다. 고드름 속에 갇혔던 아버지 미세먼지가 가득 섞여 있는 지도 모르고 어린 새끼들은 희디흰 손가락을 마구 빨아 먹었다. 아버지의 고드름은 아이스크림처럼 빨리 녹았다. 미세먼지 속에 갇힌 아버지의 눈물은 투명하기만 한 고드름이 되고 싶었다.

– 「아버지의 고드름」 전문

 아버지는 문학 지평(地坪)에서 더 이상의 논의가 필요 없을 정도로 규정되고 규격화되었다. 다만 이 작품은 그러한 기시감으로부터 멀찍이 떨어져 있다. 시인에게 아버지는 나 또한 닿을 수 없는, 또는 닿고 싶지 않았던 "먼지", 그것도 "초미세먼지"였고, 곧 미세먼지 투성이었던 아버지는 "고드름" 속에 유폐되게 된다. 먼지에서 눈물로, 그리고 고드름, 다시 투명한 눈물로의 이행은 시인이 이 관계와 영속(永續)을 단순히 분노의 대상이나 연민의 대상으로 치환시키고 있지 않음을 무엇보다도 잘 보여준다. 그것은 차라리 끝없이 이어져 있는 리좀(Rhizome)에 다름 아니다.

> 아버지는 항상 두 눈이 충혈되어 있었다.
> 그 충혈된 눈으로 당신의 세상을 만드시고
> 당신 속에 은밀하게 만든 끈으로 어머니를
> 친친 묶으셨다.
> 아버지의 끈에서는 비릿한 피 냄새가 풍기고

집 안 가득 문이란 문은 모두 끈으로 치장했다.
아무도 들여다볼 수 없도록 대문을 잠그고
쪽문에도 못질하셨다.
모든 문이 캄캄한 벽이 되고 아버지의 끈은
살모사처럼 어머니를 삼키기 시작했다.
아버지의 집요한 끈과 어머니의 엉성한 끈이
날마다 집 안 곳곳을 헤집고 돌아다녔다.
나는,
어두워진 마당에서 두 눈이 충혈된 채
산산조각이 난 끈들의 행방을 찾기 위해
이미 싸늘하게 굳어진 어머니의 품속으로
뛰어들었다.

- 「끈」 부분

시인은 그것을 "끈"이라 명명한다. 어떤 결과 앞에서, 운명의 열매 앞에서 시인은 윤리적 판단을 잠시 괄호치기(Bracketing)한다. 엉성한 끈인 어머니와 숨막히게 꽁꽁 묶은 아버지가 있지만 결코 중요한 것은 "끈"이지 거기에 바쳐진 수사(修辭)의 풍경은 아닐 것이다. "아버지의 어둠

속에는/ 세상의 모든 걱정이 다 모여 있"고 "어둠들이 눈물을 흘렸다"(「터널」)고 시인은 사라져가는 이름을 호출하기 때문이다.

"관계들의 천국" 속에 "안에서도 문이 있고 밖에도 문"(「문들」)이 있음을 시인은 잘 알고 있다.

허갑순 시인의 이번 시집은 서정의 인자를 넘어선 자리에 있다. 외피를 둘러싼 "공기보다 가벼운 맛"(「불안을 밥처럼」)에 미혹(迷惑)되면 안 된다. 이 시집은 "육십오억 만 년의 사랑이/ 다시 시작되던 그때", "지구를 기억하지 않아도 될" 어느 날에 대한 다각적 인다라망(因陀羅網)이며, "금지된 선"(「사과」)에 대한 형이하학과 형이상학의 연대기이며, "내 주머니 속에서 오래된 너의 기억이/ 조용히 문을 닫"(「실종」)는 시간의 변주곡이다.

"삶의 종착역, 여기서 너를 따돌릴 차례다"(「국민연금」).

시인과 우리는 이제 재배치될 참이다.